AF349379

ENSAYO SOBRE
MI GENERACIÓN, 2016

Miriam de Juana Ortín

Ensayo sobre mi generación 2016

Miriam de Juana Ortín

bubok
EDITORIAL

ISBN papel: 978-84-686-8415-4
ISBN pdf: 978-84-686-8416-1

Impreso en España
Editado por Bubok Publishing S.L.

Índice

A todas aquellas personas
que un día se sintieron perdidas
y decidieron emprender
un camino a ciegas

Mi generación

Mi generación, los que a día de hoy, año 2016, estamos en la edad de los treinta y…, llamados también «la generación perdida». Nos llaman así porque no tenemos trabajo y no seguimos estudiando, más que nada hace tiempo que somos licenciados. Nada se pierde hasta que uno se da por vencido y nosotros aún no nos rendimos.

Somos una generación con más estudios que generaciones pasadas y con más valores que las futuras generaciones.

Somos personas con grandes ideas a desarrollar y muy pocas personas que crean en ellas. Las generaciones que deberían ser nuestros pilares se contentan con darnos de comer y decir que somos vagos.

La realidad es que estamos buscando trabajo y la excusa es «¿no tienes idiomas?». Yo no, pero sí muchos compañeros de carrera, amigos y vecinos que sí tienen inglés, francés e incluso uno que tiene chino tampoco tienen trabajo. No es por el idioma, no equivocamos la carrera, no es porque no haya trabajo, es porque no hay voluntad.

Se nos dice «trabaja duro, como lo hacíamos nosotros». En aquella época se trabajaba en el campo de sol a sol y era no duro, sino durísimo. Hoy día el campo también está industrializado y no se necesita tanta mano de obra. Tampoco existen muchas posibilidades de adquirir tales oficios si ya de antemano no conoces a alguien con tierras. Y al igual que en la ciudad, son temporales y han bajado el salario laboral.

Para trabajar hoy día debes tener dinero. Hacerte autónomo cuesta dinero, moverte para buscar trabajo cuesta dinero, tener teléfono para que te localicen cuesta dinero, ir arreglado a la entrevista cuesta dinero.

Hemos estudiado durante años una carrera para que te digan que no sirves para nada o sirves para un empleo donde tus cinco años de carrera sirven para limpiarse las manos de tus clientes cuando les sirves el café.

No hemos malgastado nuestro tiempo ni nuestros padres han perdido el dinero invertido en nosotros, somos personas cultas que valoramos a las personas inteligentes y estudiosas. Sabemos que queremos algo mejor para nuestras vidas, que queremos tener trabajo para construir una familia en una casa que nosotros mismos hayamos comprado con el sudor de nuestras manos. No queremos que nos den la vida fácil. Lo que queremos son las oportunidades que se nos están negando.

No encontramos nuestro sitio en la sociedad porque la sociedad no ha cambiado con nosotros. Existen las mismas empresas, las mismas marcas y los mismos tipos de trabajos que cuando yo era una cría. Pero encima esos mismos trabajos están peor pagados y peor reconocidos.

Sabemos generar buenas ideas porque sabemos cómo funciona el mundo, tenemos a nuestro alcance la mayor arma del mundo, la información. Si no sé algo, lo puedo buscar y encontrarlo, aprenderlo y utilizarlo para seguir creando cosas nuevas. Tenemos capacidad resolutiva porque hemos tenido que salir de la jungla de los estudios, algunos compañeros se han quedado por el camino o tuvieron que elegir otro, eso es un valor nuestro. Un valor que no todo el mundo posee, la paciencia, la constancia, la perseverancia, el esfuerzo, el coraje, el sentir que estás luchando por ser mejor cada día. A personas así no se nos puede llamar la generación perdida.

Somos la generación que un día resucitará y dará energía nueva a nuestro país y al mundo, seremos la generación del saber hacer, porque habremos sabido esperar nuestro momento, habremos logrado seguir adelante ante las adversidades y por lo tanto seremos una generación fuerte capaz de enfrentarse a las peores circunstancias.

Mi generación también son mis amigos, los que unas veces trabajan y otras estudian. Son los que pelean cada día por ser mejores en algún campo, los que ven las injusticias y cada día reaccionan más, miro las redes sociales y me siento más integrada porque veo cuántas personas como yo pensamos igual.

Miro mi teléfono móvil y veo las comunicaciones rápidas; casi con un solo emoticono te haces entender. Veo que somos rápidos asimilando información, somos una generación con una capacidad única. El valor de saber aprender con la contención de no dejarse arrastrar por las masas. Veo en mi generación un gran esfuerzo.

Con el tiempo nuestro trabajo se verá y será recompensado, seremos el futuro y seremos capaces de mantener a nuestros sucesores. Hermanos pequeños, sobrinos e hijos dependerán de nosotros y seremos un gran ejemplo para ellos.

Estamos peleando, es una lucha, es la guerra del más fuerte, los que aguantan son los mejores y estamos aquí para demostrarlo. Dentro de unos años miraremos hacia atrás y veremos el calvario por el que hemos pasado. Y diremos, como veteranos de guerra, «ahí estuve yo».

La sociedad en la que vive mi generación

Las noches sin dormir angustiados por no tener trabajo, dinero o casa. Y también diremos que la crisis no fue solo económica, está sucediendo una crisis social a gran escala y también nos está afectando.

Veo muchas parejas jóvenes que teniendo trabajo y queriendo formar familia acaban tirándolo todo por la borda. Parejas que han comenzado a tener hijos son incapaces de seguir juntos y no es problema de economía, en muchos de los casos.

Mi generación es fuerte pero se ha educado pensando que se puede hacer todo cuando uno quiere. Los hijos y la familia son el trabajo más importante de nuestras vidas pero nos han educado sabiendo que el trabajo es lo que da dinero y con el dinero se tienen muchas cosas.

Tenemos los valores de familia pero nos falta fuerza para sacrificarnos como hicieron nuestros padres por nosotros. A nuestros padres también se les ha olvidado ese sacrificio, por eso transmitirlo a los hijos les parece tan tedioso, quizá porque lo pasaron tan mal que no quieren recordar. Pero hay que recordar la historia, ya que esta existe para enseñarnos a vivir.

Ellos no renuncian a su tiempo de ocio (pádel, escalada, futbol, conciertos, videojuegos, redes sociales, etc.) y ellas no pueden ni quieren y ni deben renunciar a sus trabajos. La conciliación familiar debe ser un trabajo de todos, ningún padre o madre debería renunciar a su trabajo para poder formar su familia. Se deberían habilitar desde las empresas las guarderías de que ya disponen otros países, dentro de los mismos edificios de los trabajadores. Facilitar las recogidas de los colegios por parte de ambos padres. Y contemplar el tiempo que los padres deben pasar con sus hijos, pensando en que la familia es el pilar de una sociedad que sujetará el futuro de todos.

Cada día hay más divorcios; no como una lacra social, debería verse más bien como otro periodo de aprendizaje. Las parejas jóvenes y no tan jóvenes son inexpertas y se dejan llevar muy pronto por la presión. Conozco miles de parejas de segundas nupcias que han conseguido un equilibrio estable incluso con hijos de anteriores matrimonios. La convivencia en periodos de inestabilidad como los que estamos viviendo se convierte en verdaderas batallas que en otras circunstancias no se darían, al menos de igual forma.

A nivel de empresas no paran de despedir a la gente con mayor edad o la que lleva más tiempo, contratando gente con menos experiencia para reducir los sueldos. Trabajos de jornada completa que se podían pagar a 1.000 euros se pagan a sueldo base, los 600 euros. Atrás ya ha quedado el apodo de «mileurista».

En los centros comerciales cambia el aspecto de un fin de semana a otro, se abren y se cierran empresas a una velocidad pasmosa. Supongo que se embarcan pensando en que al no encontrar trabajo es tiempo de invertir y finalmente, si la empresa no se sostiene, la deuda y la desesperación aumentan.

Trabajos temporales, trabajos de poca duración en puestos de poca importancia, con sueldos muy reducidos, impersonales, sin esperanza de ser para más tiempo. Sin garantías. Sin un trato agradable para el trabajador. Nada que auspicie un futuro mejor. Solo la fuerza de mi generación de seguir luchando por cambiar las cosas.

Edulcorado todo este bonito panorama con el constante miedo a un atentado en cualquier parte del mundo: si vas a trabajar, si vas a comprar, si te vas de vacaciones, si viajas, si vas en transporte público, si vas a un parque siempre existe la posibilidad de un atentado. La gente en general es positiva y prefiere vivir y seguir antes que esconderse y tener miedo, esta es mi generación. Pero lo cierto es que vivimos en guerra, una guerra pasiva y extraña en la que la gente aún no ha reaccionado.

Deberíamos estar más alerta y mirar a nuestro alrededor, pero nos hemos vuelto tan narcisistas que pensamos que nadie nos puede tocar y que no nos tocará a nosotros. Cuando en realidad mirar supone a día de hoy la posibilidad de sobrevivir.

La cultura del miedo, miedo al despido, miedo a la exclusión social, miedo a morir, la cultura del miedo como arma de control social, absurda pero efectiva aunque hasta un límite. El límite de la libertad humana; cuantas menos personas sean capaces de desarrollarse, la frustración crece y el descontento se convierte en la lucha. Hay personas que no creen que pudiéramos vivir una guerra y no es tan inverosímil. Tenemos una guerra pasiva a nivel mundial y la gente sigue pensando que todo va bien mientras no les toque. Sin embargo, mi generación sabe que es un problema de todos y no estamos callados ante las barbaridades, refugiados de una guerra podemos ser todos en cualquier momento.

Emigrar no funciona nada más que para aprender idiomas, el resto del trabajo es como el que hay aquí, más que nos vendan la película de Alemania.

Una generación paciente que puede ver con perspectiva el futuro y pelea cada día para acercar posturas y siempre por encima de todo, el valor de los derechos humanos. Las injusticias cada vez nos duelen más porque cada vez cerramos menos los ojos.

En política no andamos mejor. Hemos tenido elecciones, hemos tenido esperanzas de un cambio, han surgido partidos nuevos y finalmente ninguno para gobernar. Habrá otra vez elecciones. Si estos son nuestros dirigentes, ¿qué vamos a pedir a las empresas? Nada. Suma y sigue.

Todos creemos en un cambio, lo único que todavía no vemos hacia dónde. Ya lo veremos, porque mi generación está dispuesta a trabajar para recuperar nuestros derechos, si no, ¿para qué tener una constitución de derechos? ¿Para qué respetarla si no la cumplimos? ¿Para qué defenderla si no creemos en ella? Quizá no sea una crisis de economía sino una crisis de identidad.

Una crisis de identidad porque se nos vende la cultura de la indiferencia, ser indiferente hoy en día te hace parecer inteligente, inhumano y fuerte. En realidad, ser indiferente supone pérdida de consciencia de la realidad, pérdida de seres queridos a tu alrededor, pérdida de control y creerse único en el trabajo porque finalmente es lo que te queda. Una insatisfacción creciente ante el trabajo que por un lado genera dinero para vivir y por el otro no proporciona amor para ser feliz.

En el futuro

Los cambios se suceden cada vez más deprisa. Hay tantas aplicaciones nuevas de móviles que la inmensa mayoría se desconocen. O incluso no se les da toda la utilidad que deberían tener.

Los tipos de trabajo deben cambiar ya, la sociedad debe evolucionar y dejar de pensar como antes. El trabajo a distancia se convierte en la herramienta más poderosa y eficaz. Más rápido que llamar a alguien y decirle lo que quieres, más rápido que un whatsapp, nada. La rapidez supone adelantarse al cambio. Si somos capaces de asimilar más información más rápida, podemos trabajar más rápido y con mucho menos esfuerzo.

El hecho de comprar por Internet ahorraría muchísima logística inútil, en otros países como Inglaterra muchas de las compras de ropa se realizan por este medio. En muchas de estas tiendas el cambio de ropa es gratuito. Me parecen medidas rápidas y eficaces.

El trabajo de teleoperador, por ejemplo, es una transición que debes pasar si tienes estudios, cualquier persona que tenga una licenciatura o un grado ha sido teleoperador alguna vez. Todo para molestar a comunidades autónomas enteras ofreciéndoles un servicio que ni quieren, ni necesitan.

Molestándoles en la siesta e incluso a las once de la noche. Esto a mi gusto sería una falta de estadísticas. Si yo fuera la empresa pensaría «¿cuántas personas necesita este servicio y a cuántas vamos a molestar creándonos mala fama? ¿Compensa?». Yo sí tengo en mente varias compañías que no contrataría por este mismo hecho.

El trabajo de oficina sería perfecto, a no ser porque no deja tiempo a la conciliación familiar. Deberían implantar guarderías en todas las empresas y dejar un horario flexible a padres de familia con hijos en el colegio, para poderles recoger o poder acudir *alguna vez* a las reuniones escolares.

Respecto al trabajo de cara al público, yo colgaría carteles en todos los restaurantes, supermercados, tiendas de centros comerciales y a pie de calle que indicaran: «Por favor, se ruega respeten a la dependienta, a la cajera, al camarero, al taxista…». Porque muchas personas descontentas con su vida pagan su frustración con gente que, según ellos, tienen que servirles. No son trabajos de servilismo, son trabajos de personas a las que les gusta su trabajo o incluso están temporalmente en esos puestos. No son personas inferiores ni de menor categoría. He llegado a ver cómo en los centros comerciales a las señoras de la limpieza se las omite del campo de visión, como si no estuvieran allí, hasta el punto de llegar a chocarse con ellas. ¿Qué clase de personas creen que son? Son su madre cuando les sacaba a ellos adelante, su hermana en un momento dado, él mismo en el futuro incierto.

En puestos de elite he llegado a ver a ingenieros informáticos con dos idiomas, másteres y estancias en el extranjero (Japón) y terminar dedicándose a los videojuegos (un sector en auge que no tiene nada de malo) pero no es para lo que estaban preparándose.

Una reflexión que me hago muy a menudo es si realmente las carreras en general preparan para un puesto en concreto o debemos simplemente readaptarnos una vez salidos de la carrera. Entonces, quiere decir que nuestras carreras están obsoletas, no sirven como cometido para llegar a un puesto de trabajo. La orientación en las carreras debería ser más clara. Recuerdo la figura del orientador en el instituto y de cómo mis preguntas fueron resueltas para acceder a la universidad. La figura del orientador no existe en grados superiores y licenciaturas porque se presupone que somos adultos pero nunca antes hemos trabajado, o quien está estudiando y trabajando tal vez desea trabajar en algo relacionado con su carrera.

¿Qué espero para el futuro? Que las carreras estén adaptadas a los futuros puestos de trabajo. Que en los empleos vuelva la figura del inspector de trabajo, para proteger los derechos del trabajador en cuanto a los descansos, horarios y sueldo. Con la crisis, las empresas se han cebado con los trabajadores y sin ningún control, es hora de que alguien mire por el trabajador. Que al menos el cincuenta por ciento de la población trabaje en un puesto de trabajo para el que se haya formado y le guste y se sienta realizado.

Que en general todos los sueldos estén adaptados para una mínima subsistencia, comida, alquiler, ropa, colegios. Que no crezca la desigualdad social, que seamos un país unido y no vivamos como pequeños países separados. Ninguna comunidad es mejor que otra; aquí aportamos todos y recibimos todos. Dar y recibir es convivir, si no sabemos convivir, no sabremos disfrutar y valorar las cosas buenas que tenemos. Valorar es indispensable para poder defender, creer, presumir y sentirse orgulloso de ser un país con tanta variedad.

La utopía

La utopía más perfecta sería aquella…

En la que hemos conseguido un país completamente verde y ecológico; en el que la energía solar, eólica e hidráulica son nuestras mayores fuentes de energía. Los residuos son reciclados eficazmente y reutilizados para embalajes nuevamente reutilizables. Volvemos a tener un paisaje verde gracias al almacenamiento de lluvia en eficaces reservas que por medio de riego automático la reparten cada cierto tiempo. La comida sobrante se consigue transformar en abono ecológico (compost), los campos vuelven a ser fructíferos. Fáciles de trabajar gracias a las nuevas tecnologías aplicadas al campo. La generación de nuevos alimentos completamente ecológicos ha reavivado el interés de la gente en un sector altamente vital y por desgracia, abandonado.

Hemos conseguido compaginar todos los tipos de trabajo con la familia, horarios flexibles, guarderías adaptadas en los trabajos, los padres pueden recoger a los hijos y jugar con ellos por las tardes, consiguiendo reducir el estrés en las familias. Hemos superado la crisis social para dar paso a familias que se mantienen unidas porque han sabido buscar ayuda para reorganizar sus vidas (bien por medio de la seguridad social o por vía privada, buscando gente externa a su familia para buscar la objetividad a sus problemas).

El cincuenta por ciento de la población está satisfecha con su trabajo, recuperando un equilibrio perdido. El precio de la vivienda baja y es asequible comprarse casa, aunque sea a largo plazo como pasaba antes, hipotecas hasta la jubilación y más allá, pero al fin y al cabo, una hipoteca que el banco sí apoyará.

La crisis de los bancos también se ha recuperado, se ha establecido un sistema económico generalizado para que no puedan especular con el dinero de las personas que confían en ellos. Probablemente ahora sea imposible que pasen veinte directivos por una entidad bancaria en un año y se jubilen todos al año siguiente, se han reducido privilegios absurdos en puestos de trabajos como los bancos, la política y la administración en general.

Los puestos de médico, profesor y policía vuelven a ser puestos de respeto por parte de la población. Los camareros/as, dependientes/as y trabajadores/as en general vuelven a ser personas respetables y los valores de un puesto de trabajo digno vuelven a restablecerse por derecho. Porque la gente se ha dado cuenta de que si todos tenemos respeto por los demás, la convivencia se hace más agradable y llevadera. Si todos valoramos el trabajo de los demás y lo agradecemos, también nos agradecerán nuestro trabajo.

Las personas confundieron en un momento dado el ser sincero y decir claramente lo que se piensa con ser grosero y herir con o sin intención a los demás. Hacer daño es fácil pero levantar a una ciudadanía desalentada y sin motivaciones es más costoso. Pero en nuestra perfecta utopía este hecho ha pasado a mejor vida. Volvemos a ser personas civilizadas que no agredimos a los profesores porque suspendan a nuestros hijos.

Conclusión

Esperaremos nuestro momento, pero esperaremos preparándonos para generar una civilización con más idiomas, más estudios y más abierta de mente. Creemos en la igualdad de derechos por encima de todo porque es eso lo que nos han inculcado.

Creemos en la paz porque nos gusta disfrutar de la vida en su esplendor, no queremos que nadie nos imponga la ley del silencio porque se sienta poco respetado. Imponer respeto por medio de la fuerza seguirá siendo un acto de cobardía, hoy y siempre.

Seguiremos aquí para demostrar que vinimos al mundo para mejorarlo, para disfrutar y para aprender. Para dar vida, para crear obras de arte, para edificar grandes monumentos, para crear historias que el resto de personas utilizarán para soñar y crear su propio mundo imaginario. Vinimos al mundo para crear hospitales eficaces donde la investigación de enfermedades raras no será algo tan raro ni tan caro.

No vamos a renunciar a unos derechos que nuestros padres consiguieron para ellos y por nuestro futuro. Nuestros hijos también deben tener un futuro y se lo daremos. La línea que nos sostiene a todos es la que crean las personas que tenemos alrededor, por eso nos rodeamos siempre de personas que nos quieren y nos respetan.

El trabajo en equipo y el buen ambiente de trabajo deberían ser la base de cualquier buena empresa. Quien crea que las grandes empresas hacen competir a sus empleados para que uno de ellos sea el mejor, está completamente engañado. La competición entre empleados es una manera de que el director, empresario o encargado no sea siempre el «malo» y reciba las críticas y las burlas de los empleados, que acaban uniéndose en contra del empresario. Por eso hay menos trabajadores que se unan porque les han engañado, diciéndoles individualmente que son el mejor. Divide y vencerás. ¿O acaso una persona pisada por sus compañeros va a rendir más en su trabajo? No, en realidad sufre un ataque de estrés a la espera de la pulla del siguiente compañero. Y lo gracioso es que es todos con todos. No hay un chico feo de la clase, hay personas que pisan a personas por desempeñar el mismo puesto de trabajo que ya tienen. Todos son los mejores en sus trabajos y todos no soportan el hecho de ir cada día a trabajar.

Somos la generación que creará empresas que serán capaces de contratar mujeres embarazadas y mujeres con hijos pequeños y que no les harán firmar un contrato de x años diciendo que no tendrán hijos, porque los jefes, directivos y empresarios de hoy han nacido en una probeta, criados en laboratorios han resultado ser el humano perfecto y omnipresente que gracias a la cirugía plástica no tiene ni ombligo.

Seguiremos al pie del cañón defendiendo este y muchos proyectos más porque el valor está dentro de cada uno de nosotros. Vamos a crear una civilización nueva que respete a todas las generaciones, dándole las herramientas necesarias para cada momento. La infancia será el juego libre; para la adolescencia, los estudios y el aprendizaje; para la madurez, la dirección de su carrera y un puesto de trabajo acorde con sus estudios; para la vejez, la tranquilidad de una jubilación y un sistema sanitario privilegiado que responderá por él.

Para la política, un gobierno abierto donde todos los partidos puedan aportar su grano de arena, democracia y diálogo para perfeccionar un sistema en el que seguimos creyendo.

Resumiendo, seremos la sociedad que haya conseguido recuperar el mayor número de ciudadanos de las fauces de la desidia, la frustración y el estrés. Creando y devolviendo a las personas su capacidad de superarse por sí mismos, sentirse útiles sin exigencias, creer de nuevo en lo que hacen y en definitiva, ser felices. Al fin y al cabo, es una facultad del ser humano y habrá que hacer un buen uso de esta magnífica herramienta que por algún motivo muy importante se nos ha dado.